JN410420

만인시인선 · 42

고통과 함께 잠들다

윤성도 시집

고통과 함께 잠들다

만인사

자서

쓸쓸한 추억의 단편들과
장미 가시를 한 데 엮어 만든
설익고 낯선 감정을
고통이라는 한 그루
벌거벗은 사과나무 이름으로
세워도 좋을지
나의 영혼은
때때로 망설인다.

차 례

차 례

차 례

차 례

차 례

한 그루 꽃나무

고통에 대하여 1

나의 고통의 알파벳은
한 그루 꽃나무로 시작한다*
고통은 역설이다
피하기 보다
추구해야 할 그 무엇이다
시인은
동물적 자아를
악마적 자아로 바꾼다
우주 안에 있는
모든 고통을 합쳐도
더 커지는 것은 아니다
고통은 살균된 악이다

---

* 르네 샤르

시인의 몫

고통에 대하여 2

교실의 유리창과 같다
안에서 바깥으로는
환하게 보이지만
바깥에서 안으로
잘 보이지 않는
일방 통행 유리창과 같다
고통에서 벗어나려고
돌을 던져
유리창을 깨는 일은
프랑스 매독*이나 임질에 걸린
시인의 몫이다
낮이 어둠에 자리를 내주는 일몰
꽃들은 저마다 램프를 켠다

---

* 헨리 밀러 「북회귀선」

고통은 투명하다

고통에 대하여 3*

행복한 사람은
영혼의 긴장이 상실된 자이다
시인은 자기의 고통을
작은 책에 집어 넣는다
기하학적인 모습으로 만들어
벽돌 속에 잡아 가두기도 한다
그대의 시는
감금된 물이다
수도꼭지에서 받은 물처럼
고통은 투명하다

---

* 제2시집 『주인없는 망치』에서

꽃 팔찌

고통에 대하여 4

절단된 다리의
고통은 어디서 오나
마음으로 읽어주는 시이고
머리로 들려주는 충고이다
고통 만큼
창조주의 지문을 더 잘 볼 수 있는
곳은 없다
인간의 고통은
우주의 별보다 많다
길 잃어버린 추억 속의 별들
들꽃으로 만든
꽃 팔찌 하나 받고 싶다

야곱의 사다리

고통에 대하여 5

하늘나라까지 오르내리는
야곱의 사다리다
늙은이들은
땅바닥에 떨어뜨린
젊은 날을 줍기 위해
허리를 구부린다
등을 짓누르는
세월의 무게 못이겨
허리를 구부린다
늙은이에게
지팡이는
또 다른 고통이다

그대의 고통

고통에 대하여 6

고통이여 그대는
누구나 대신할 수 없어서
위대한가
그대의 고통이
쉽게 사라지지 않아
더 값어치가 있는가
인간에게 내린 선물인가
햇빛같은 축복인가
한 마리 빼꾸기 날아 떠나간
한 그루 자두나무인가*

---

* 라이너 마리아 릴케

빈 조개껍질

고통에 대하여 7

고통은
가면 벗은 악이라고
간혹 말하지만
하나님은
쾌락 속에서 속삭이며
양심 속에서 타이르듯 말하네
우리의 고막은
작은 고통에도 큰소리로 울려
귀먹은 세상을 불러 깨우는
확성기라고 말하네
네 귀는 내 목소리로 울리는
빈 조개껍질
고향을 떠나 떠도는 자들을 위한
저녁기도

그 빵을 먹지 않는다

고통에 대하여 8

하나님
돈이 없어서
저녁 식사를 거르는 것과
지은 죄로
자신을 다스리며
금식하며 뱉어내며
배고픔을 참는 것과
어느 편이 더
고통에 가까운지
가르쳐 주세요
뱃속에 가득 찬 오물
손가락 쑤셔넣고 올린
삼겹살 같은 은혜*
고통은 그 빵을 먹지 않는다**

---

* 이성복의 시
** 벵자멩 페레의 시

늙은 수녀

고통에 대하여 9

진주목걸이에는
눈물이 배어 있다고 하지만
천연두로
얼굴이 몹시 얽은
늙은 수녀의 얼굴을 본다
귀에 익지 않은
알 수 없는 소리로 외치며
도둑고양이처럼
계단을 따라 올라온다
진주목걸이가 목을 조여
낮고 긴 음표에서부터
울려고 애쓰는 수탉의 목쉰 소리까지
모든 음계를 다 낸다

강물이 아픈 걸 보면

고통에 대하여 10

치통에도 쾌락이 있다*
쾌락과 고통의 경계선은 어디쯤일까
마음의 끝에 몸이 있고
몸의 끝에 마음이 있다지만
고통과 무고통 가운데 서서
사람들은 복음서를 읽는다
푸르스름한 저녁 연기
막 켜지기 시작한 불빛
모래가 아프면
강물이 아픈 걸 보면
모든 고통은
달빛에 숨어 있다

---

* 도스또옙스키

마취 없이 수술 받는

고통에 대하여 11

가시를 밟은
고양이 같이 절뚝거린다
녹쓴 못을 밟은 시인 같이
절뚝거린다
억압과 진보의 역사 안에서
불편한 나의 시중을 들기도 하고
나를 흉내내기도 한다
마취 없이 수술 받는
환자의 고통
고통에는 피와 살이 없다
잘못 끼운 첫 단추이다

지하철 입구에서

고통에 대하여 12

낡은 신문지 몇 장 깔고
사원의 돌계단이나
지하철 입구에서 엉켜 자는 일
서로 등 돌리고 붙어 있는
늑대의 머리와 꼬리
자연은 인간의 살과 뼈를
고통과 쾌락이라는
두 주인 통치 아래 두었으므로
고통에 대한 오해와
쾌락에 대한 오해 사이에서
고통은 하나의 위선으로
다시 태어난다
시간이 지나도 말소되지 않는
바다에 떠다니는 병마개 같은
우리들의 죄

시간의 매질

고통에 대하여 13

고통을 만든 이는
하나님이 아니라
사람이다
고문과 채찍과 감옥과 노예
총과 폭탄도 사람이 만든다
우리의 가난과 과로는
자연의 심술 때문이 아니라
탐욕 때문이다
고통은 반항하는 영혼 속에
진실의 깃발을 올린다
시인은 대못이 박힌
침대에 누워
시간을 매질한다

맨발

고통에 대하여 14

자갈길을
맨발로 걸어보면
보들레르 생각이 난다
하나님 내게 주신
좋은 세상과
머리에 반짝이는 별들
모든 사소한 일들로
고통은
연분홍 서양란 화분에
흰 댕기로 매달린다
자갈길을
맨발로 걸어보면
악마가 생각난다
수선해야 할
불편한 구두이다

육체의 묘지

고통에 대하여 15

고통은 육체의 묘지다
모든 비밀은 상처에 있다
공간은 있는 것이 아니라
상처가 만드는 것이다
고통과 쾌락은
때때로 서로 협력한다
고통은 절뚝이며 문지방을 넘는다
발 질질 끌기도 한다
집 안에 거울을 두지 않는다
흘러가는 모든 것을 사랑한다
육체는 고통의 묘지다

헛것 중에 상헛것

고통에 대하여 16

고통의 신발에는
동상 걸려 언 발의 슬픈
냄새가 난다
나아갔던 문으로
다시 들어오는 기억력
고통이 침묵을 지킬 때
시인은
두 발을 송두리째 잃게 된다
다물어진 입술에서는
토막난 말들만 튀어 나온다
그들의 말은
간혹 옆구리를 쥐어 박지만
헛것 중에 상헛것이다
거짓말도 때로 아름답다

눈꺼풀

고통에 대하여 17

백 와트 전구 불빛이다
석유 곤로 위에 올려진
압력 밥솥이다
실제보다 더 늙어 보인다
자존심 때문에
농담은 잘 주고 받지 않는다
시인은
고통을 확인하려고
빤히 두 눈으로 쳐다 보지만
눈꺼풀이 너무 무거워
눈도 뜨지 못한다

못

고통에 대하여 18

길들여지지 않는다
고통은 현재시간이다
세상과 단절된채
시간을 현재로 축소한다
고통에 주의를 기울여라
고통의 끈질긴 강요는
초월할 수 없다
고통을 원수로 여기는 사람들은
가끔은 신이 계신 것 같아
불공평하다고 한다
가슴에 박힌 못을 뽑는
가장 중요한 언어일 뿐이다

단순한 신호

고통에 대하여 19

삶에 고통이 없다면
얼마나 끔찍할까
고통은 충성스러운
나의 옹호자
문명은 나에게
고통의 단순한 신호를
무시하라 무시하라 말하네
슬픔이라는 무거운 이름을 얻기 위해
베개를 바꿔 베고 자면 어떨까
언제나 머리맡에 놓아두는
진통제 한 알과 물 한 잔
못생긴 모짤트의 귀

지옥은 없다

고통에 대하여 20

용서는 퍼즐 조각이다
미덕이 있다고 하지만
정의와 자비의 갈등은
한물간 신학의 쪼가리
악을 알아 차리게 해주니까
고통은 차라리 선하다는 것
고통을 피한다면
더욱 나쁜 일이란 것
못 하나 잘 못쳐
전체가 망가지는 고통의 집
지옥에서 볼 때
지옥은 지옥이 아니다
고통받는 자를 위한
지옥은 없다

고통의 문

고통에 대하여 21

고통과 쾌락의 경계선은
어디쯤일까
쾌락은 지옥에서
악몽을 꿈꾸는 일
천국에도 고통이 있다 해도
고통을 찾아나서는
수도자들
고통은
바깥 어두움
아는 것보다 보이는 쪽
존재의 바깥 테두리
빗장은 안쪽으로 잠겨져 있다

나를 부인한다

고통에 대하여 22

백 사람의 고통이
한 사람의 고통보다
더 고통스러운 것은 아니다
인간보다 더 오래되고
더 능력 있는 존재는 아닐까
고통의 모습은
조잡한 모조품이 아니라
송곳니와 발톱을 세운
사자의 모습은 아닐까
한 번씩 포효하는
숫사자의 모습은 아닐까

존재한다는 것

고통에 대하여 23

자물쇠를 본적이 없는 사람에겐
열쇠마저 이상해 보이지만
고통의 문은
그대의 등 뒤에서 열린다
고통은 문을 열고
시인들을 자아 밖으로 불러낸다
우리를 위해 존재하는 것이 아니라
우리가 고통을 위해 존재한다

상처는

고통에 대하여 24

끓는 물 주전자와 같다
물 한 주전자 끓이는데 드는 시간
맨 얼굴 드러낸채
차가운 벽으로 둘러싸인
한 마리 짐승이다
그대가 아픔을 느낀다면
그것은 치유되는 증거이다
하나님과 그대가 만나는
창문이다
한없이 단조로운
회색 시간에
스토브에 지핀
뜨거운 불이다

고통은 숨어 있다

고통에 대하여 25

고통의 입은 뻣뻣하고
혀가 둔하다
시인들은 고통의 여백을
겸손으로 채운다
우리가 비록
사막 위를 걸어 갈지라도
사막이 아름다운 것은
그 속에
고통이 숨어 있기 때문이다
오아시스 속에 숨어 있는
차가운 물

검은 고양이

고통에 대하여 26

무대 위 팔리아치와 같다
의상을 입어라
그리고 분을 발라라
아내를 빼앗겨도 웃어라
손님들이 박수를 친다
고통을 웃음으로 바꾸어라
눈물을 익살로 바꾸어라
팔리야쵸
벽 속에 같이 묻혀버린
검은 고양이*

* 에드가 앨런 포의 희곡

굳은 살

고통에 대하여 27

유행을 따른다고
고통을 참고 견디는 여성들
눈썹을 뽑든가
아주 작은 구두에 발을 밀어넣거나
한 겨울에도
얇은 스타킹을 신고
얼굴을
성형하기도 한다
굳은 살이
못으로 박힐 때까지
짓물러 물집 생긴
시인의 손가락을 본다
고통은 밤마다
義眼으로 눈을 감는다

진행형이다

고통에 대하여 28

잠자리에서 일어나
기하학 문제를 푼다
악보를 고치고
편지를 쓴다
잠잘 때나
기도할 때나
생각할 때나
그리기 보다
지우는 쪽이지만
고통은 진행형이다
두려운 말벌떼이며
장미의 웅얼거림이다

몽당연필

고통에 대하여 29

스스로 회복되지만
수선집으로 데려가
망치와 가위질로
낡은 부분을 수선받기도 한다
고통이 앉는 의자는
좀 녹이 쓸어 있고
앉을 때 삐걱 소리가 난다
하나님이 쥐고 있는
몽당연필이다

첫눈

고통에 대하여 30

첫눈처럼 희지 않다
누구나 태어날 때
몸에 핏물이 묻어 나오듯
고통의 몸에도
핏물이 배어 있다
동정심은 태어나는 것이 아니라
나중에 얻어진다
고통의 등허리는 휘어지고
가난하다
들리는 소리 보다
냄새에 가깝다
주막집 처마에 내리던 첫눈
키가 더 자라지 않는 나무들
첫눈에도 핏물이 배어 있다

발에 박힌 가시

고통에 대하여 31

기쁨을 모두 팔아
고통을 사야 하나
고통을 모두 잡혀
기쁨을 얻어야 하나
숨겨놓은 백지 같은 것이야
고통은 그 자체일뿐
과거도 미래도 없어
발에 박힌 가시 때문에
건강한 발보다
더 높이 뛸 수 있어
고통 앞에서
늘 어눌해지는
우리의 언어들

피 대신 잉크가

고통에 대하여 32

고통의 인상은
슬프고 짧은 시간
산들바람, 검은 달 같은 것
뚝 불거져 나온 광대뼈
고통을 어떻게 보느냐가
그것이 문제다
보아서는 안될 것들
고통은 엄지손가락 하나에도
하나님의 존재를 안다
손과 발은 제 것이 아니라고
비명을 지른다
고통의 혈관 속엔
피 대신 잉크가 흐른다

곰팡내 나는 빵처럼

고통에 대하여 33

손가락이 길고
발가락이 길지만
주위의 살이 없어지고
뼈가 드러나 보인다
손가락과
발가락이 잘려나간 것은
다음날 아침에 발견된다
고통의 냄새를 맡고
한밤중 쥐가 갉아 먹기 때문이다
곰팡내 나는 빵처럼
먹히는 것이다
고통을 발견할 때
우리는 깨끗이 쥐어 뜯겨진 것이다

작은 시집으로

고통에 대하여 34

상처를 숨기려 하지만
시인은 작은 시집으로
밀고하기도 하고
소문내기를 좋아한다
불편한 걸음걸이로
소문은 시내쪽으로 걸어간다
버스가 태워주지 않는다
음식점도 받아주지 않는다
거스름돈을 받지 못한다
찔리고, 베이고, 긁힌 자국들이
축복이듯
시인은 어깨에 손을 얹는다

입 속에 갇혀진 말들

고통에 대하여 35

조심스런 혀를 갖고 있다
안젤리카 풀 먹은 사람처럼
고통의 호흡은 향긋하다
고통의 댓가를 바라고
죄를 지어
고통을 만드는 것은
어리석은 일이다
좀 먹은 탁자 앞에서
거짓 증언을 말하는 사람들의
입 속에 갇혀진 말들
자신의 감정을 표현하는데
고통은 서툴다

외로움에 대해선

고통에 대하여 36

제 속에 갇혀 있지 못하는
흔들림 또는 메아리이다
설명할 수 없는
시인의 자유처럼
죽음의 냄새가 난다
시인들은 그들을 본 일이 없으나
수탉처럼
고통을 노래한다
있는 길 버리고
돌아가는 새길
죽음이 언제 올 것인가 하는 만큼
불확실한 것도 없다
외로움에 대해선
거짓말하는 사람이 없다

죽음 만큼

고통에 대하여 37

나목에서
고통을 읽는다
나뭇잎 떨어져 시들어도
바람을 남겨준다
지난날을 추억하며
제 이름으로 울고
제 이름으로 꽃을 피운다
사람을 죽게도 하고
죽게된 자를 살리기도 한다
고향으로 돌아가는 자
말에 귀 기울인다
죽음 만큼
확실한 것이 없다

밤이 되면

고통에 대하여 38

옛 이야기 속에서
오랫동안 발길질 참아온
교황의 노새다
누구에게도 보이지 못한
임금님의 큰 귀다
—임금님의 귀는 당나귀 귀
북서풍에 갈대들은 비명을 지른다
소금으로 문질러진 별*
모닥불 밤은 짧을 것이다
어둠 속으로 사라지는
고통의 무거운 발자국 소리
창문도 없는
좁은 오두막방
밤이 되면
사랑도 슬픔도
고통과 비슷해진다

---

* 르네 샤르 「바다의 별」

누군가 등 뒤에서

고통에 대하여 39

고통은 시의 半熟이라서
검은 피부 집시 여인처럼
얼굴을 잘 드러내지 않는다
고통은 고아로 태어난다
등 뒤에 짊어진
노동의 기구처럼
가난하다
생나무처럼
잘 쪼개어지지 않는다
밧줄에 뭔가를 매달고
앞으로 밀어 올리라고
누군가
등 뒤에서 말한다
등뼈가 없는 악마들
흘레 붙어 있는 개에게
던지는 돌

고통의 처방

고통에 대하여 40

시는 쓰는 것이 아니라
지우는 것이다
고통의 꿈은 유치한가
변장술의 서툼
플라타나스 잎사귀 드레스
마로니에 잎사귀 예복
기다림과 서툼과 모자람
마음의 문을 열고 나왔다가
다시 열린 문으로 들어 가지 못하는
도깨비의 얼굴을 보라
낯익은 세상을 문득
낯설게 한다
고통에 대한 처방은 고통이다*

* 니체

초상화

고통에 대하여 41

고통은 회칠한 무덤
쓰레기에 대해선
말하지 않는다
쓰레기 속엔
죽은 고양이가 버린
욕망의 결핍이 들어 있다
사소한 비밀
찢어진 편지
피우다 만 꽁초
그대의 옷 입는 습관까지
약병들까지
쓰레기는
고통의 초상화이다

살아 있는 것은

고통에 대하여 42

먼지처럼 내려 앉는다
지붕 위에 전깃줄 위에
추수 지난 옥수수밭에
고통은 통속적이라서
소리없이 쌓인다
의자와 식탁 위에
어둠 위에 대지 위에
먼지는 죽음의 마지막에
고통처럼 덮는다
잊혀진 천사의 날개처럼
살아 있는 것은 모두
먼지를 일으킨다
고통—
광대는 그것을 유희라 부른다*

---

* 니체

고쳐 쓴 서정시

고통에 대하여 43

낙타 등허리 혹처럼
10 파운드 쇠사슬에 묶인
슬픈 고깃덩어리
바람결에 흔들리는 갈대
농부의 낫질에 쓰러지는
키 큰 갈대
산들바람에도 질투를 느낀다
우아한 사치
누드의 가리고 싶은 엉덩이
엉덩이는 마조키스트
생략된 언어
고통은 웅크린 짐승이다
열여섯 번 고쳐 쓴 서정시다*

---

* 스젠트 기요르기

저울이 없다

고통에 대하여 44

인간에게는
엄청난 고통의 무게를 감당할
저울이 없다
끊지 못하는 도박이다
몸집은 작지만
영혼은 위대하다
고통은 우리를 책망하지만
한번도 경멸하지 않는다
고백하는 그대의 말투 속에도
거짓은 섞일 수 있다
고통은 오월의 풋사과
고통은 말린 시래기 보다
가벼운 것일 수도 있다

굴욕인가 해탈인가

고통에 대하여 45

일용할 양식을 구하기 보다
시를 쓴다
아직 시가 되기 전에
시인은 기교의 껍질을
맨손으로 쥐어 뜯는다
뜨거운 커피를 엎지른다
벽시계는 멎어 있고
타버린 목소리
집집마다 피어올리는 연기
연기는
굴욕인가
해탈인가

고통은 방황한다

고통에 대하여 46

숯 굽는 사람의
새까만 얼굴에서
고통은·방황한다
마을에서 일어난 일들
밀 이삭들의 오케스트라
작은 새들의 합창
헤진 옷
구멍난 양말
굴뚝에서 피어나는 작은 연기
에스메랄다의 염소
상형문자를 풀 수 있는 열쇠
고통은 무덤에서도
고요히 잠들지 못한다

손톱에 낀 금부스러기

고통에 대하여 47

약한 사람의
분노가 변해 증오로 바뀐다
독 없는 긴 뱀과 같다
방앗간 주위
들쥐들을 내쫓는다
내 머릿속 울려 퍼지는
모든 고통을 엮어
낡은 철자법으로
책을 한 권 쓰리라
황금뇌에서 긁어온
손톱에 낀 금부스러기까지
고통에게 바치리라

고통은 한꺼번에

고통에 대하여 48

맨살이다
맨발이다
가시 못 유리 조각
뜨거운 모래
고통은 신발을 신지 않는다
나사못이
발바닥에 박힌다
탕자의 발바닥에 박힌
율법 같은 굳은 살을 보라
남근이 거세된 사나이
머리가 돌아버린 수탉이다
고통은 한번씩 발작한다

돌을 던져라

고통에 대하여 49

꽃은 결박되어
형장에 꿇려 앉아 있다
간음하다 잡혀온 여자처럼
돌팔매 맞고
모둠매를 기다린다
코와 입에서
불길이 확확 쏟아진다
너희들 중
죄 없는가 돌 던져라
돌 던져라
꽃은 두개골 속에서
객혈한다

꽃은

고통에 대하여 50

종소리로 태어난다
고통은 꽃을 깨워 피게하는
망치이다
기름과 포도주로
상처를 싸매주는
선한 사마리아인이다
길거리에 버려져
행인에게 짓밟히는
맛 잃은 소금이다
등잔불 밝히는 심지이다
비틀거리며
광야에서 외치며 사라지는
사라짐을 위한 소리이다

신앙 고백서

고통에 대하여 51

누룩 넣지 않은
밀가루 떡과 같다
고통은 쪽 복음이다
사도 바울이
꿈 속에서 만난
마케도니아 사람들이다
건너와 도와 달라는
마케도니아 사람들이다
신앙 고백서이다
슬픔처럼
아주 오래 가지는 않는다

몸이 소리를 지른다

고통에 대하여 52

미련한 자들이
지혜 있는 자들을
부끄럽게 하듯
한 번도 세탁한 적 없는
불결한 타올 어깨 걸치고
턱수염에 잔뜩 비누칠한 그가
면도하며
억지로 참는 것이
고통이 아니라고 말한다
진리 밑에
굳게 머무르며
어두운 고통과 맞서는
금욕주의자들의 위선
영혼이 침묵할 때
몸이 소리를 지른다*

---

* 하인리히 후엡슈만

억압이다

고통에 대하여 53

낡은 옷에 기운
덧댄 생베조각과 같다
헌 부대에 부어넣은
새 포도주다
세상의 죄 다 뒤집어쓰고
밀고로 체포된
하나님의 어린 양이다
사자와 소에게
같은 법을 적용하는 것은
억압이다*
사금파리 조각으로 긁어 쓴
아다지오의 음율
존재의
중심에 고통이 있고
고통에는 경계선이 없다

* 윌리엄 블레이크

자, 이쯤해서

고통에 대하여 54

고통을 놓아 주자
임시 열차편에 실어
떠나 보내자
용서하지 않을
그 아무것도 없고
용서하지 못할
그 무엇도 없다
일주일 한 번 꼴로 입는
우리들의 사소한 상처
소금에 절이고
연기에 그을린
뼈를 덮고 있는 약간의 살점.
고통은 선과 악을
고통의 제자리로 되돌려주는 일
지킬 박사의 유언장* 같은 것

---

* 로버트 R. 스티븐스

내부 구조는

고통에 대하여 55

한 마리 속죄양과 같다
안식일로 가는 동안
바늘 귀를 통과해야 한다
방언으로 말하기 시작한다
길거리나 회당에서
나팔을 불기 시작한다
웃는 흑인의 얼굴 같이
허연 이빨만 드러내 보인다
고통은 육체를 진 짐승
길바닥에 영혼을 팽개친다
고통은 무신론보다
유신론에 더 가깝다
고통의 내부 구조는
뼈로 되어 있다

썩은 사과 한 알

고통에 대하여 56

썩은 사과와 같다
온몸 썩어 문들어져
꼭지만 겨우 매달려
눈알을 파내고
온몸 전체가 잠식되어도
부서진 우산의 꺾인 뼈대처럼
버티며
땅에 떨어질 때까지
고통의 한계를 넘어
절망과
두려움에 무감각한
썩은 사과 한 알

달팽이

고통에 대하여 57

종이 조각에 쓰여진
한 줄 한 줄의 글이
이유없이 낯설다
자기 껍질 속으로 들어가려는
달팽이 같다
솜으로
두 귀도 틀어 막는다
상자 속의 사나이 같이
생각도 상자 안에 가둔다
헤픈 우크라이나 여자처럼
울지 않으면 웃을 뿐
중간은 없다

고통과 고통 사이

고통에 대하여 58

삼키다 목에 걸린
생선 가시처럼
고통과 고통 사이에
죄가 걸려 있다
감사를 숨길 수 없으나
기쁨을 숨길 수 없으나
걱정과 염려를 숨길 수 없으나
죽음을 피할 수 있다면
늘 안식을 구하였으나
마음의 평강을 구하였으나
고통과 고통 사이엔
늘 죄가 걸려 있다

도마 위에서

고통에 대하여 59

생선처럼
대가리쪽부터 썩는다
썩어
짜디짠 젓갈로
나무통에서 절여지기도 하고
무장아찌처럼
해묵은 간장 속에
잠기기도 한다
도마 위에서
고통이 고통을 자르고 있다
불에 구워진 돌처럼
죄의식을 거느린다

고통도 나이를 먹는가

고통에 대하여 60

뜨거운 불덩이를
맨손으로 꺼내는
나이든 나환자의 무고통을 보라
고통은 타인의 관심을 끌려는
몸짓에 불과한가
쾌락은
고통에 대한 오해와 오해 사이
사생아로 태어난다
너무 진하지 않은 차맛 같은 것
쇳덩이처럼 무거울 수도 있고
새털같이 가벼울 수도 있다

피가 날 때까지

고통에 대하여 61

시인은 작은 책 속에
시의 시체들을 안치해둔다
시는 무덤 속에서도
몸을 뒤척인다
그들이 지껄이는 말들은
톱밥투성이다
언어들은 말뚝에 매인
검정 염소처럼 분주하다
시 행간으로
빈대 벼룩들이 기어다닌다
시는 무덤 속에서도
온 몸을 긁고
피가 날 때까지 긁어댄다

성난 사자들은

고통에 대하여 62

우리 속의 사자들은
스피노자를 모른다
사자들은
시인들의 살덩이를 공격할 뿐이다
피와 살을 기대하던 사자들은
성난 사자들은
훈련받은 말보다 현명하다
실망한다
시인은
치클 껌 같은 언어를 깨문다
아무리 깨물어도
소화되지 않는
치클 껌 씹는 고통
치클 껌에 찍힌 이빨 자국
흔적으로 남는다

세 개의 눈

고통에 대하여 63

손잡이 끈이 떨어진
낡은 손가방
열쇠없는 열쇠 구멍
독일인의 입
프랑스인의 귀
러시아인의 엉덩이
그린피스 스프와 같은 목소리
모두 공통점이 많아
어떤 이유로
인쇄되지 못한 선언서 같은
시를 들고 시인은
깨진 거울에
자신을 비춰 본다

그대가 울고 있는 동안

고통에 대하여 64

맨드라미꽃은
맨드라미의 성기라고
그대를 위해 노래한다
음정이 좀 빗나갈지라도
노래할 작정이다
그대가 울고 있는 동안
나는 노래한다
이가 득실거리는 시체 위에서
나는 춤을 추겠다*
그의 겨드랑이 밑까지
면도해주건만
춤을 추어도
맨드라미꽃 그것의
가려움은 가시지 않는다

---

* 헨리 밀러 「북회귀선」

꿈과 꿈 사이

고통에 대하여 65

꿈은
의식에 남아 있지 않다
꿈과 꿈 사이의 거리에서
시간의 껍질을 벗는 것은
죽음이다
동맥이나 심장이 없는
서랍 달린 손가방이다
시인들의 고통은
손가방 속으로
검은 잉크 대신에
언어들과 엉뚱한 물건을
함께 집어넣을 때 시작된다

검은 혓바닥으로

고통에 대하여 66

이것이야 말로
피이며 살이다
살 속에서 빠져나가
모습을 감추려한다
살은 수혈이 필요하다
시인은
기교의 껍질을 쥐어뜯는
일그러진 상징주의의
벌거숭이다
야만스런 리리시즘의
내장을 까뒤집은
극단주의자들이다
빈 순갈을 핥은
검은 혓바닥으로
눈에 보이지 않은 시인은
수많은 감옥을 편력해야 한다

눈 먼 거머리

고통에 대하여 67

어두운 늪 속
눈 먼 거머리와 같다
살 속으로 파고 들어가
몸을 숨겨버린다
피가 날 때까지 긁어도
가려움이 사라지지 않는다
온세계가 미쳐 버렸으면
온몸을 쥐어 뜯으며
긁고 또 긁고
피부가 없어질 때까지
쥐어 뜯는다
온 세상이 돌아 버렸으면
한밤 내 늪 속
눈 먼 거머리가 운다

치통도 사랑하라

고통에 대하여 68

우리는 학교에서
횟초리를 맞는다
고통이 더 할수록
평안을 얻는 우리들
신앙의 학교 학생들의
시민권을
공중의 새가 물어
하늘로 나르고 있다
두려운 구름들이
하늘에 둥둥 떠 있다
아스클레피오스의 지팡이를
감고 오르는 한 마리 뱀이다
치통도 사랑하라*

---

* 도스또옙스키 「지하 생활자」

한 줌 흙으로

고통에 대하여 69

이제 썩어서
한 줌 흙으로 돌아가
한 송이 붉은 꽃을 피울 것이다
작은 새들은 꽃씨를 흙에 묻고
짐승의 살이 되게 하고
다시
인간의 몸으로 되돌아 올 때
여자들은 눈물 글썽이며
남자들은 연신 코를 푼다
꽃이 필 때까지
고통의 강물은
아버지 어머니의 눈물로 채워진다

흰머리카락 한 올에도

고통에 대하여 70

이것은 발작이다
곧 사라지게 될 것이다
볼품 없는 육체 속 쓴 뿌리* 내려
고통은 평생 수치스런 결점으로
신을 모독한 죄로
부끄러움을 느낀다
고통은 유전자의 꼭두각시
집에서 쫓겨난
늙은 개처럼
길바닥을 헤매기도 한다
쥐어 뜯겨진
흰머리카락 한 올에도 있는
하나의 의미
고통은 무질서를
불편해하지 않는다

---

* 성경 히브리서 12장

이 세상에 없다

고통에 대하여 71

시대에 뒤떨어진
늙은이의 얼굴이다
서투르게 면도한
턱수염 자국이다
한번도 얼굴을 본적이 없는
아버지의 아버지
그 아버지의 아버지의
핏 속으로 핏 속으로 흘러
땟목처럼 떠내려 온다
고통만큼 어리석은 것은
이 세상에 없다
고통은
존재의 외출복
불확실한 은총이다

오월에

고통에 대하여 72

사과나무들이
서로 이마를 맞대고
사과꽃들이 지붕을 이루어
오월은 아름다운가
사과꽃잎들은
무신론자들의 머리 위로
봄비처럼 뿌려지고
허수아비를 본 작은 새들처럼
달아나기도 한다
사과꽃잎들이
천국으로 가는 길을 적어둔
작은 교회 팜플렛 같이
길가에 떨어져 있는
오월에

당신이 고독에 처해지도록

고통에 대하여 73

툭
뒤뜰의 사과나무에서
다 익은 사과가 떨어지는
축축하고 무딘 소리가 들려왔다
꽃대를 밀어올리는 힘과
잎새를 떨어뜨리는 힘
순서가 없는
추억의 단편들
마음이 아플 정도로 그립던
계단의 삐걱거림
눈 녹은 물에 잠겨 있는
뒷마당의 사과나무
당신이 고독에 처해지도록
선고를 내린다

시가 폭발한다

고통에 대하여 74

니체 철학을 요약하기보다
빠뜨린 구두점 찾기가 어렵다*
시인들은
마조키스트들이다
핀셋을 들고
작은 상자 속으로
콤마, 세미 콜론, 하이픈
별표, 작은 괄호, 큰 괄호
마침표, 감탄 부호들을
집어넣는다
누군가 스위치를 뽑지 않으면
시가 폭발한다
세상에
시는 없다

---

* 헨리 밀러 「북회귀선」

무슨 소용 있으랴

고통에 대하여 75

푸줏간
갈고리에 걸려 있는
도살된 고기 덩어리는
우리를 5분쯤 슬프게 한다
햇볕과
비가 없다면
창가에 내어놓은 화분은
무슨 소용 있으랴
시인이 하는 일은
두 부분으로 나뉘어진다
하나는 자신으로 돌아가는 일이고
또 하나는
돌아가는 자신을 관찰하는 일이다

눈먼 거위처럼

고통에 대하여 76

이곳에서 저곳으로 헤맬 때
벽이 시인을 부른다
시인은 벽을 두려워 한다
세속의 먼지를 터는 일로부터
벽 속에 쓰인 낙서들로부터
도망치려 한다
사람들의 얼굴에 쓰인 낙서들
하늘에 씌어진 낙서들로부터
도망가고 싶어한다
고통은 눈먼 거위처럼
거리를 걸어간다
가난 속에서
시인이 죽어간다
형제여*

---

* 오시쁘 만젤 쉬땀

등뼈가 휘어진다

고통에 대하여 77

달은
찢어진 기구
바람 빠진 풍선
고통은
왜 기억해야 하는가
왜 기억을 지워야 하는가
시인의 음성은
말린 살구처럼 건조하고
부란덴 부르크 사람처럼
저음이다
창백한 밀고자의 배신으로
시인의 등뼈가 휘어진다

고통과 쾌락 사이

고통에 대하여 78

인습으로 굳어진
거짓 포장이다
세상은
영혼을 만드는 골짜기
골짜기 위로 나르는 독수리
독수리가
자신의 깃털이 달린
화살에 맞아 죽듯
자연은
인간을 고통과 쾌락 사이에 두었는데
상처를 느껴보지 못한 자들은
남의 흉터를 보고
마구 놀려댄다

죽음이 술집에 들어가고

고통에 대하여 79

보리밭에서
빈센트 반 고흐가 갈짓자로
까마귀를 날리고 있다
화가는 제 귀를 자르고
울고 있다
귀를 자른 아픔보다
첫애기 가진 애인이
입덧으로 사랑을 토하기 때문이다
보리밭에서
황색이 황색을 토하듯
죽음이 술집에 들어가고
술집에서 나온다*

---

* 페데리고 가르시아 로르까

고운 빗줄기가 살살 내렸다

고통에 대하여 80

채에 걸러진 것 같이 고운 빗줄기가 살살 내렸다 그날은 종일 젊은 수탉처럼 자랑스러워지고 말이 많아져 어두운 생각들을 떨쳐내기 위해 일부터 입 밖에 내어 말했다 내가 괴로우면 그대한테 좋고 그대가 괴로우면 내가 좋은 이러한 고통에 말 따위는 아무 필요가 없다는 것을 알고 있었다

그 전에는 활짝 핀 어린 사과나무 같이 아름답고 건강하고 정신도 또렷했지만 이놈의 고통에서는 어떻게도 빠져 나갈 수 없으니 몸에 바짝 붙어 있는 추억이 떨어져 나가길 바라며 몸을 부르르 떨었다 들판의 풀잎처럼 외로워진 나는 장미 가시에 가만히 손가락을 찔리어 보았다

우리는 작별인사도 없이

고통에 대하여 81

작은 새처럼 아무 생각없이 그저 그런 날을 보내고 있었다 바람이 시치미를 떼고 모래 먼지를 일으키면서 지나갔다 바람은 아내와 어머니들의 탄식을 죽어 넘어진 자들의 귀에까지 운반해 주지 않았다 바람은 뜨뜻미지근하고 끈적 끈적한 손으로 나의 어깨를 짚고 지나갔다 우리는 작별인사도 없이 각기 다른 방향으로 헤어졌다

고통과 함께 잠들다

고통에 대하여 82

우리를 방 안에 가둔다 어젯밤은 고통과 같이 잠 들었으니까 고통은 침대 밑 간이침대에서웅크리고 새우잠을 잔 것 같다 고통은 나보다 먼저 일어난다 그래서 잠시동안 형언할 수 없는 고통을 맛 본다 혼자만의 시간을 위하여 세상의 첫 아침 고통은 누구보다 먼저 눈뜬다 고통은 주는 쪽과 받는 쪽 사이 구별은 하나의 현상에 불과하다*

---

* 쇼펜하우어 「의자와 표상으로서의 세계」

폭풍우 지난 뒤에도

고통에 대하여 83

어린 중학생들처럼 분별없이 어정쩡한 거짓말을 해대며 봄이 왔다 갈보짓하던 소러시아 여인들 같이 봄이 왔다 보리는 폭풍우 지난 뒤에도 다시 일어서고 햇살을 받아 더욱 자랑스러워졌지만 나이든 노인들은 이제 다시 일어설 수 없었다 오늘부터는 고통도 슬픔도 따로 따로 겪어야 할 것 같았다

이것은 고통이 아니다

고통에 대하여 84

저마다 제자리를 찾는다
어떤 설명문이나
지시문도 내쫓는다
나를 명백하게 보이는대로
취급하라 한다
고통은 아직
형태를 말하지 않는다
눈에 잘 보이지만
침묵 지키고 오만하고
빈정거리기도 한다
고통은 자기 내적 법칙에 따라
자기 자율성을 주장한다
자기의 본질을 무시당할까
두려워 한다

기억과 반기억(Anti-Memoirs)

엘리 비젤(Elie Wiesel)에 관한 이야기부터 먼저 하겠습니다. 1944년 헝가리의 '시게'라는 도시의 유대인들은 모두 체포되어 강제수용소로 추방되었습니다. 현재 미국 보스턴대학의 교수이며 유명한 소설가인 엘리 비젤도 그들 중 한 사람이었습니다. 그는 대학살에서 살아남아 이십년이 지난 뒤 고향으로 돌아왔습니다. 그러나 그를 가장 고통스럽게 한 것은 '시게' 주민들이 그들의 기억 속에서 유대인들을 지워 버렸다는 사실이었습니다. 유대인들은 그 도시에서 쫓겨 났을 뿐만 아니라 시간 속에서도 쫓겨난 것입니다.

우리는 우리의 과거를 잘라버림으로서 우리의 미래도 함께 마비가 되게 합니다. 조지 산타야나(George Santayana)는 과거를 잊어 버리는 자는 그것을 되풀이하고 만다고 했습니다. 우리 의사들의 삶은 많은 과

업과 계획과 약속에 파묻혀 그 속에서 실상 자신의 가슴은 어딘가 잃어버리고 있습니다. 건조하고 무뚝뚝하며 미온적인 직업인이 되고 있는 것입니다.

아브라함 헤셀(Abraham Joshua Heschel)은 성경이 요구하는 많은 것들이 「기억한다」 이 한 마디 말에 포함될 수 있다고 말합니다. 성경의 신 · 구약 모두에게 「기억한다」라는 말은 중요한 의미를 갖고 있다고 합니다.

앙드레 말로(Andre malraux)는 『반기억(Anti-Memoirs)』에서 이렇게 말합니다. "성격 못지 않게 기억의 형태에 의해 인간이 서로 차별화된다는 사실을 깨달을 때가 올 것입니다." 굉장히 중요한 관찰입니다.

우리는 나이가 들수록 더 많은 것을 기억해야 하며, 어떤 점에서는 우리가 가지고 있는 것들이 대부분이 기억이라는 사실을 깨닫습니다. 우리의 존재를 인식하는데 기억이란 아주 중요한 역할을 합니다. 우리의 고통과 즐거움, 슬픔과 만족감 같은 것들이 단순히 우리 인생이 어떤 일들이 일어났는지에 달려 있을 뿐만 아니라 어쩌면 그보다 더 우리가 이런 일들을 어떻게 기억하느냐에 달려 있습니다. 아마도 우리 인생에 실제 일어난 일들은 우리 인생의 전체의 이야기 속에서 그런 일들이 어떤 기억 형태를 갖느냐 하는 것보다 덜 중

요할 것입니다.

사람에 따라서 비슷한 질병이나 사고나 성공이나 실패 등에 대해 각자 다르게 기억합니다. 그러므로 우리 인간이 갖고 있는 대부분의 감정이 우리가 무엇을 기억하고 있는지에 아주 밀접하게 관계하고 있다는 사실은 놀랄만한 일이 아닙니다.

우리가 별로 좋지 않은 기억에 대해 가장 먼저 즉각적으로 취하는 반응은 잊어버리는 것입니다. 어떤 고통스러운 일이 일어났을 때 우리는 재빨리 우리 자신에게 또는 서로에게 이렇게 말합니다. "잊어버립시다. 그 일은 없던 걸로 해둡시다"라고. 우리는 과거의 고통을 잊어버리기 원합니다. 그것이 개인적이든, 공동체적이든, 또는 국가적 고통이든지 잊어버리고 실제로 그런 일이 일어나지 않은 것처럼 살기 원합니다.

그러나 결국 그런 것들을 기억하지는 않는다 하더래도 우리는 그 잊혀진 기억들이 독자적인 힘을 갖고서 우리가 인간으로의 기능을 가로막고 우리 자신을 이방인으로 만들어 버립니다.

고통스런 기억들은 우리 내면 속에 감추어져서 잊혀지기도 합니다. 고통스런 기억들은 우리에게서 감추어진 장소에서 치유받기를 거부하고 따라서 우리에게 더 많은 해를 끼치기도 합니다.

후회란 쓰라린 기억이고, 죄책감은 자신을 고소하는 기억이며, 감사는 즐거운 기억이며, 이 모든 감정들은 우리가 과거에 일어난 일들을 세상에서 우리의 존재양식에 어떻게 통합하느냐는 방법에 따라 깊이 영향을 받습니다.

우리의 기억은 새로운 느낌과 생각들을 바라보고 이해하는데 도움을 줄 뿐만 아니라 너무나도 다양한 삶의 경험 가운데 그런 느낌과 생각들이 차지할 공간을 제공합니다.

인생의 신비 중 하나는 가끔 우리는 마주대할 때 보다 서로를 기억할 때 더욱 가깝게 느껴진다는 것입니다. 멀리 떨어져 서로 보지 않고 있을 때 기억 속에서 우리는 새로운 방법으로 서로를 바라 봅니다. 그럴 때는 서로의 다른 모습 때문에 방해받지 않으면서 서로의 내면 중심을 더 잘 보고 이해할 수 있습니다.

집을 떠나 멀리 있을 때 우리는 편지를 통해 가족들과 함께 있을 때 보다 훨씬 더 친밀한 방법으로 나 자신을 표현합니다. 기억 속에서 우리는 서로의 영혼에 닿을 수 있습니다. 각자가 그 사실을 알면 우리는 언제나 깊은 대화를 할 수 있습니다. 기억은 사실을 왜곡하며 거짓되게 하며 또 선택적인 지각을 유도하기도 하지만, 그렇지만, 그것은 단지 기억의 한 측면일 뿐입니다. 기억은 또한 분명하게 해주고 순화해주며 초점을 맞추게 하며 숨겨진 은사들을 잘 드러나게 합니다.

우리가 서로에게 줄 수 있는 가장 좋은 것들 가운데 친절한 말, 사랑의 표식들, 염려해주는 몸짓들, 평화로운 침묵, 즐거운 축제 등의 좋은 기억들이 포함된다는 사실을 언제나 깨닫고 있는 것은 아닙니다.

사실 대부분 우리의 기억들은 성찰 이전 단계에서 우리를 인도합니다. 그 기억들이 우리 안에서 피와 살이 되었습니다. 신뢰와 사랑과 용납과 용서와 자신감과 희망에 대한 기억들은 아주 깊이 우리 존재 속으로 들어가서 우리의 기억이 됩니다. 과거를 잊어버리는 일은 우리의 가장 친밀한 선생이 우리의 적이 되는 것과 같습니다. 우리는 고통스런 기억들과 직면하려 하지 않으므로서 우리는 우리의 마음을 바꾸고 회개하는 가운데 성숙할 수 있는 기회를 놓치는 것입니다. 미래에 대한 우리의 희망은 우리의 의식적, 혹은 무의식적 기억 위에 세워져 있습니다.

어떻게 우리의 상처입는 기억들을 치료할 수 있을까요. 먼저 망각의 구석에서 기억들을 끄집어내고 그런 기억들을 우리 삶의 이야기의 한 부분으로 상기함으로써 치유할 수 있습니다. 기억해낸다는 것은 기억하고 있는 일이나 사건들이 은밀한 힘에서 자유로워지기 시작하는 것입니다.

우리의 과거의 상처를 치유하고 현재의 우리를 지탱시키는 기억은 또한 우리의 미래를 인도하고 우리의 삶을 끊임없이 새롭게해 줄 것입니다.

지금까지의 이야기는 고통스런 기억을 환기시키고 기억에 호소하면서 우리 인간들이 앞으로 나아가도록 격려하는 한 시인의 고뇌를 적어 본 것입니다. 개인적이거나 집단적이거나 기억 속의 고통들은 삶의 한 가운데서 살아서 더욱 우리들로 하여금 〈기억나게 해주는〉* 일을 소홀히 해서는 안된다고 말할 것입니다.

---

* 헨리 나웬의 「living reminder」에서

윤성도

1946년 대구에서 태어나 경북대학교 의과대학, 동 대학원을 졸업하다. 1984년 『시문학』으로 등단하고, 시집 『詩人은 나귀를 타고』, 『주인 없는 망치』, 『악마의 트릴』과 에세이집 『간지럼 타지 않는 여자』, 『외로운 늑대와 고독한 집시』, 『페데리코의 탄식』을 출간하다. 계명대학교 의과대학 산부인과 교수로 재직 중이며 〈에스프리〉 동인으로 활동하였다.

고통과 함께 잠들다

초판 1쇄 펴낸 날 / 2011년 8월 15일

지은이 / 윤 성 도
펴낸이 / 박 진 환

펴낸 곳 / 만인사
등록번호 / 1996년 4월 20일 제03-01-306호
주소 / (우)700-813 대구광역시 중구 대봉2동 743-7
전화 / (053)422-0550
팩스 / (053)426-9543
홈페이지 / www.maninsa.co.kr

ISBN 978-89-6349-025-0 03810

값 8,000원